Carnet de grossesse by Sophie Magie

Mère: _____

Père: _____

Nous savons que
nous sommes
enceintes depuis: _____

Notre bébé naitra le: _____

la première échographie

Naître, c'est recevoir
tout un univers
en cadeau.

C'est moi

Nom: ~~~~~~~~~~~~~~~~

Anniversaire: ~~~~~~~~~~~~

Poids: ~~~~~~~~~~~~~~~

Ma grossesse

comment j'ai remarqué que j'étais enceinte:

c'est ainsi que je l'ai expliqué au papa:

c'est ainsi qu'ont réagit nos amis et notre famille:

Ma valise pour la clinique

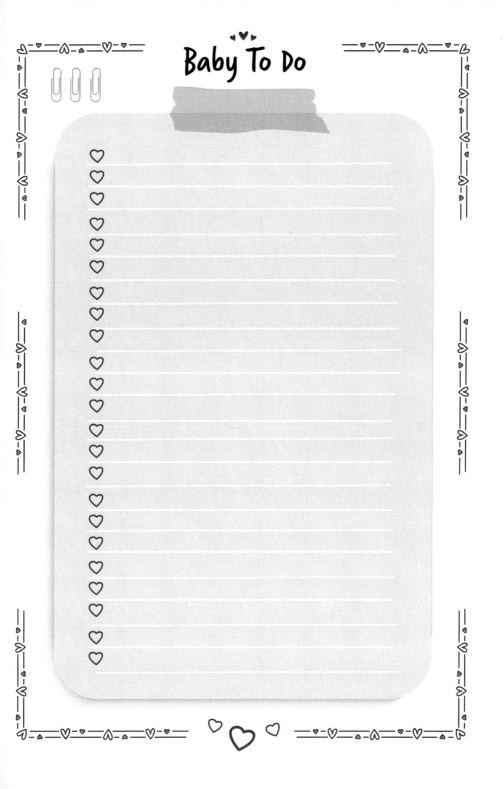

Matériel de base pour bébé

Possibilités de prénoms

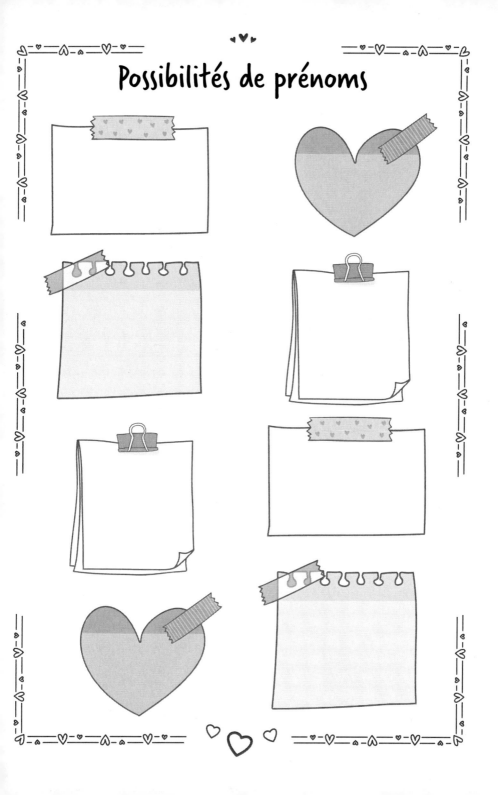

Photo de mon ventre

1er mois

Semaine 5

Cher journal, Date:

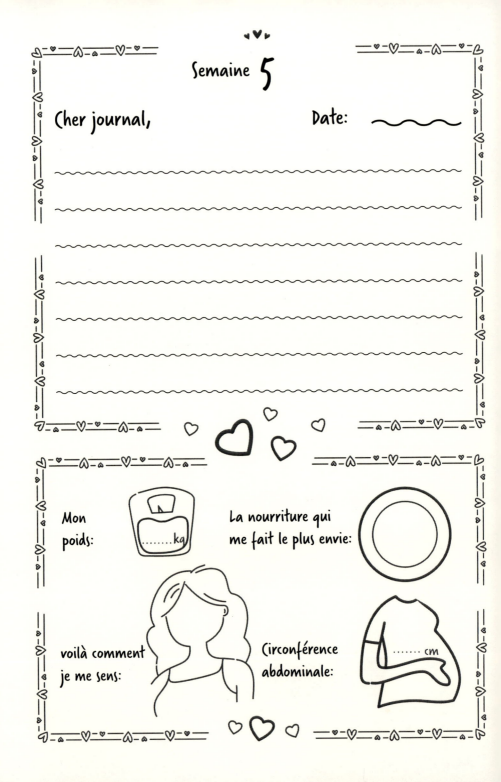

Mon poids: .... kg

La nourriture qui me fait le plus envie:

voilà comment je me sens:

Circonférence abdominale: .... cm

Moral au plus haut de la semaine...

Moral au plus bas de la semaine...

Souvenirs à coller ou dessiner

Semaine 6

Cher journal,   Date: ~~~~

~~~~~~
~~~~~~

~~~~~~
~~~~~~
~~~~~~
~~~~~~

Mon poids: .... kg

La nourriture qui me fait le plus envie:

voilà comment je me sens:

Circonférence abdominale: .... cm

Moral au plus haut de la semaine...

Moral au plus bas de la semaine...

Souvenirs à coller ou dessiner

Semaine 7

Cher journal, Date: _____

~~~~~~~~~~~~~~~~~~~~~~~~~~~~~~~~~~~~~~~
~~~~~~~~~~~~~~~~~~~~~~~~~~~~~~~~~~~~~~~
~~~~~~~~~~~~~~~~~~~~~~~~~~~~~~~~~~~~~~~
~~~~~~~~~~~~~~~~~~~~~~~~~~~~~~~~~~~~~~~
~~~~~~~~~~~~~~~~~~~~~~~~~~~~~~~~~~~~~~~
~~~~~~~~~~~~~~~~~~~~~~~~~~~~~~~~~~~~~~~

Mon poids : .... kg

La nourriture qui me fait le plus envie :

voilà comment je me sens :

Circonférence abdominale : .... cm

Moral au plus haut de la semaine…

Moral au plus bas de la semaine…

Souvenirs à coller ou dessiner

Semaine 8

Cher journal,   Date: ~~~~~~~~

~~~~~~
~~~~~~
~~~~~~
~~~~~~
~~~~~~
~~~~~~
~~~~~~

Mon poids: ……… kg

La nourriture qui me fait le plus envie:

voilà comment je me sens:

Circonférence abdominale: ……… cm

Moral au plus haut de la semaine...

Moral au plus bas de la semaine...

Souvenirs à coller ou dessiner

Photo de mon ventre

2ème mois

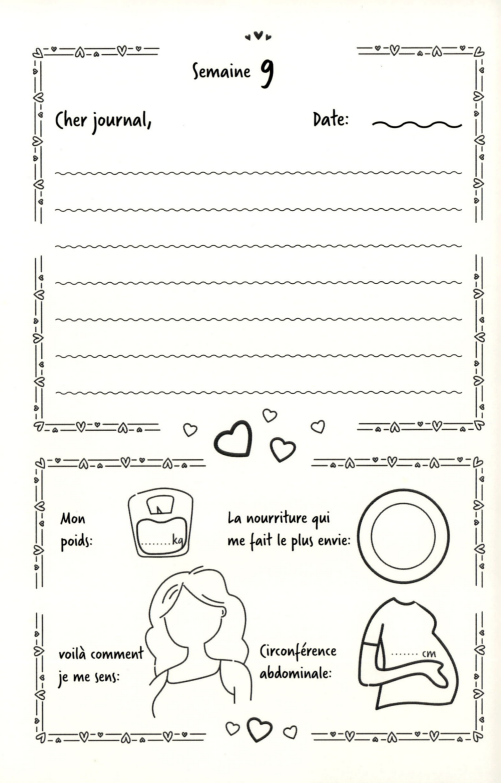

Moral au plus haut de la semaine...

Moral au plus bas de la semaine...

Souvenirs à coller ou dessiner

Semaine 10

Cher journal, Date: ~~~~~~~~

~~~~~~~~~~~~~~~~~~~~~~~~~~~~~~~~~~~~
~~~~~~~~~~~~~~~~~~~~~~~~~~~~~~~~~~~~
~~~~~~~~~~~~~~~~~~~~~~~~~~~~~~~~~~~~
~~~~~~~~~~~~~~~~~~~~~~~~~~~~~~~~~~~~
~~~~~~~~~~~~~~~~~~~~~~~~~~~~~~~~~~~~
~~~~~~~~~~~~~~~~~~~~~~~~~~~~~~~~~~~~

Mon poids: .... kg

La nourriture qui me fait le plus envie:

voilà comment je me sens:

Circonférence abdominale: .... cm

Moral au plus haut de la semaine...

Moral au plus bas de la semaine...

Souvenirs à coller ou dessiner

Semaine 11

Cher journal, Date:

~~~~~~
~~~~~~
~~~~~~
~~~~~~
~~~~~~
~~~~~~
~~~~~~

Mon poids: ......kg

La nourriture qui me fait le plus envie:

voilà comment je me sens:

Circonférence abdominale: ......cm

Moral au plus haut de la semaine...

Moral au plus bas de la semaine...

Souvenirs à coller ou dessiner

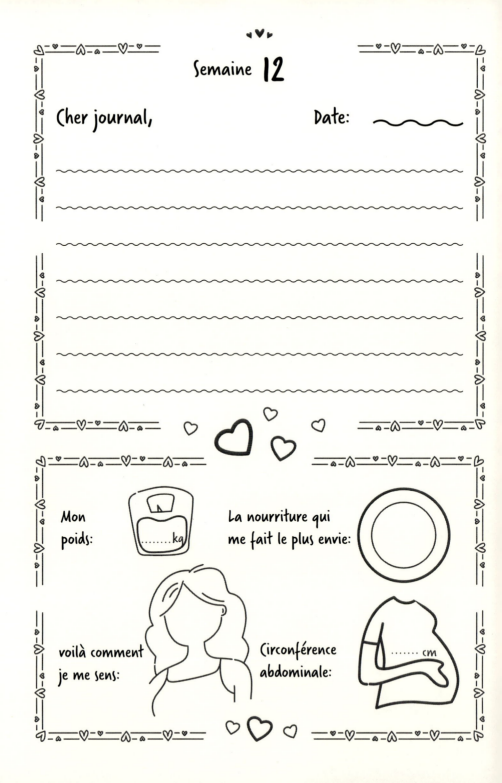

Semaine 12

Cher journal, Date:

Mon poids: ....kg

La nourriture qui me fait le plus envie:

voilà comment je me sens:

Circonférence abdominale: ....cm

Moral au plus haut de la semaine…

Moral au plus bas de la semaine…

Souvenirs à coller ou dessiner

Photo de mon ventre

3ème mois

Ce sera....

_____

coller l'échographie

C'est ainsi que je me représente la chambre d'enfant..

Fais un collage photo de chambres d'enfants qui t'inspirent

Semaine 13

Cher journal, Date: _____

~~~~~~
~~~~~~
~~~~~~
~~~~~~
~~~~~~
~~~~~~

Mon poids: .... kg

La nourriture qui me fait le plus envie:

voilà comment je me sens:

Circonférence abdominale: .... cm

Moral au plus haut de la semaine...

Moral au plus bas de la semaine...

Souvenirs à coller ou dessiner

Semaine 14

Cher journal, Date:

Mon poids: .... kg

La nourriture qui me fait le plus envie:

voilà comment je me sens:

Circonférence abdominale: .... cm

Moral au plus haut de la semaine...

Moral au plus bas de la semaine...

Souvenirs à coller ou dessiner

Semaine 15

Cher journal, Date:

Mon poids: .... kg

La nourriture qui me fait le plus envie:

voilà comment je me sens:

Circonférence abdominale: .... cm

Moral au plus haut de la semaine...

Moral au plus bas de la semaine...

Souvenirs à coller ou dessiner

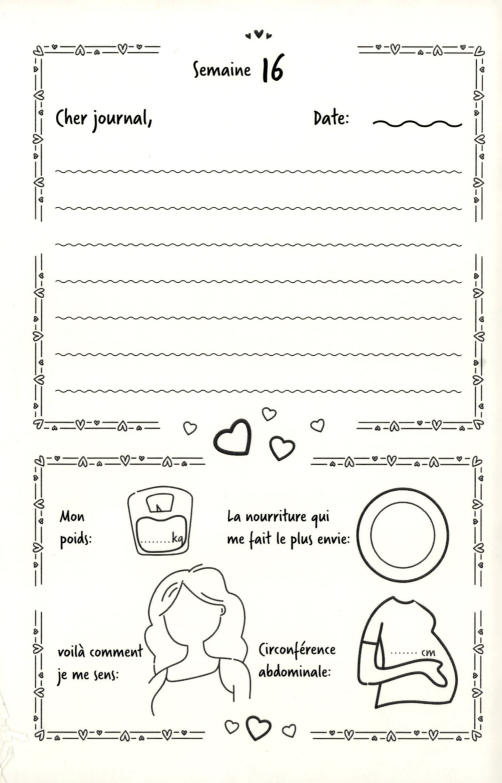

Moral au plus haut de la semaine...

Moral au plus bas de la semaine...

Souvenirs à coller ou dessiner

Photo de mon ventre

4ème mois

Semaine 17

Cher journal, Date:

~~~~~~
~~~~~~
~~~~~~
~~~~~~
~~~~~~
~~~~~~

Mon poids: ....kg

La nourriture qui me fait le plus envie:

voilà comment je me sens:

Circonférence abdominale: ....cm

Moral au plus haut de la semaine...

Moral au plus bas de la semaine...

Souvenirs à coller ou dessiner

Semaine 18

Cher journal, Date:

Mon poids: ....kg

La nourriture qui me fait le plus envie:

voilà comment je me sens:

Circonférence abdominale: ....cm

Moral au plus haut de la semaine...

Moral au plus bas de la semaine...

Souvenirs à coller ou dessiner

Semaine 19

Cher journal, Date: ~~~~~~

~~~~~~
~~~~~~

~~~~~~
~~~~~~
~~~~~~
~~~~~~

Mon poids: .... kg

La nourriture qui me fait le plus envie:

voilà comment je me sens:

Circonférence abdominale: .... cm

Moral au plus haut de la semaine...

Moral au plus bas de la semaine...

Souvenirs à coller ou dessiner

Semaine 20

Cher journal,   Date:

~~~~~~~~~~~~~~~~~~~~~~~~~~
~~~~~~~~~~~~~~~~~~~~~~~~~~
~~~~~~~~~~~~~~~~~~~~~~~~~~
~~~~~~~~~~~~~~~~~~~~~~~~~~
~~~~~~~~~~~~~~~~~~~~~~~~~~
~~~~~~~~~~~~~~~~~~~~~~~~~~

Mon poids: .... kg

La nourriture qui me fait le plus envie:

voilà comment je me sens:

Circonférence abdominale: .... cm

Moral au plus haut de la semaine...

Moral au plus bas de la semaine...

Souvenirs à coller ou dessiner

Photo de mon ventre

5ème mois

Semaine 21

Cher journal, Date:

Mon poids: .... kg

La nourriture qui me fait le plus envie:

voilà comment je me sens:

Circonférence abdominale: .... cm

Moral au plus haut de la semaine...

Moral au plus bas de la semaine...

Souvenirs à coller ou dessiner

Semaine 22

Cher journal,   Date: _____

~~~~~~~~~~~~~~~~~~~~~~~~~~~~~~~~~~~
~~~~~~~~~~~~~~~~~~~~~~~~~~~~~~~~~~~
~~~~~~~~~~~~~~~~~~~~~~~~~~~~~~~~~~~
~~~~~~~~~~~~~~~~~~~~~~~~~~~~~~~~~~~
~~~~~~~~~~~~~~~~~~~~~~~~~~~~~~~~~~~
~~~~~~~~~~~~~~~~~~~~~~~~~~~~~~~~~~~
~~~~~~~~~~~~~~~~~~~~~~~~~~~~~~~~~~~

Mon poids: .... kg

La nourriture qui me fait le plus envie:

voilà comment je me sens:

Circonférence abdominale: .... cm

Moral au plus haut de la semaine…

Moral au plus bas de la semaine…

Souvenirs à coller ou dessiner

Semaine 23

Cher journal, Date:

~~~~~~~~~~~~~~~~~~~~~~~~~~~~~~~~
~~~~~~~~~~~~~~~~~~~~~~~~~~~~~~~~
~~~~~~~~~~~~~~~~~~~~~~~~~~~~~~~~
~~~~~~~~~~~~~~~~~~~~~~~~~~~~~~~~
~~~~~~~~~~~~~~~~~~~~~~~~~~~~~~~~
~~~~~~~~~~~~~~~~~~~~~~~~~~~~~~~~
~~~~~~~~~~~~~~~~~~~~~~~~~~~~~~~~

Mon poids: ……… kg

La nourriture qui me fait le plus envie:

voilà comment je me sens:

Circonférence abdominale: ……… cm

Moral au plus haut de la semaine...

Moral au plus bas de la semaine...

Souvenirs à coller ou dessiner

Semaine 24

Cher journal,　　　　　　　　Date: _____

~~~~~~
~~~~~~
~~~~~~
~~~~~~
~~~~~~
~~~~~~

Mon poids: .... kg

La nourriture qui me fait le plus envie:

voilà comment je me sens:

Circonférence abdominale: .... cm

Moral au plus haut de la semaine...

Moral au plus bas de la semaine...

Souvenirs à coller ou dessiner

Photo de mon ventre

6ème mois

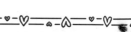

Semaine 25

Cher journal, Date: ～～～

～～～～～～～～～～～～～～～
～～～～～～～～～～～～～～～

～～～～～～～～～～～～～～～
～～～～～～～～～～～～～～～
～～～～～～～～～～～～～～～
～～～～～～～～～～～～～～～

Mon poids: ……… kg

La nourriture qui me fait le plus envie:

voilà comment je me sens:

Circonférence abdominale: ……… cm

Moral au plus haut de la semaine...

Moral au plus bas de la semaine...

Souvenirs à coller ou dessiner

Semaine 26

Cher journal, Date:

~~~~~~
~~~~~~
~~~~~~

~~~~~~
~~~~~~
~~~~~~
~~~~~~
~~~~~~

Mon poids: ....kg

La nourriture qui me fait le plus envie:

Voilà comment je me sens:

Circonférence abdominale: ....cm

Moral au plus haut de la semaine...

Moral au plus bas de la semaine...

Souvenirs à coller ou dessiner

Semaine 27

Cher journal, Date:

~~~~~~~~~~~~~~~~~~~~~~~~~~~~~~
~~~~~~~~~~~~~~~~~~~~~~~~~~~~~~

~~~~~~~~~~~~~~~~~~~~~~~~~~~~~~
~~~~~~~~~~~~~~~~~~~~~~~~~~~~~~
~~~~~~~~~~~~~~~~~~~~~~~~~~~~~~
~~~~~~~~~~~~~~~~~~~~~~~~~~~~~~

Mon poids: ....kg

La nourriture qui me fait le plus envie:

voilà comment je me sens:

Circonférence abdominale: ....cm

Moral au plus haut de la semaine...

Moral au plus bas de la semaine...

Souvenirs à coller ou dessiner

Semaine 28

Cher journal, Date: _____

~~~~~~

Mon poids: .... kg

La nourriture qui me fait le plus envie:

voilà comment je me sens:

Circonférence abdominale: .... cm

Moral au plus haut de la semaine...

Moral au plus bas de la semaine...

Souvenirs à coller ou dessiner

Photo de mon ventre

7ème mois

Semaine 29

Cher journal,   Date:

Mon poids: .... kg

La nourriture qui me fait le plus envie:

voilà comment je me sens:

Circonférence abdominale: .... cm

Moral au plus haut de la semaine...

Moral au plus bas de la semaine...

Souvenirs à coller ou dessiner

Semaine 30

Cher journal,   Date:

~~~~~~
~~~~~~

~~~~~~
~~~~~~
~~~~~~
~~~~~~

Mon poids: .... kg

La nourriture qui me fait le plus envie:

voilà comment je me sens:

Circonférence abdominale: .... cm

Moral au plus haut de la semaine...

Moral au plus bas de la semaine...

Souvenirs à coller ou dessiner

Semaine 31

Cher journal,   Date: ~~~~~~

~~~~~~~~~~~~~~~~~~~~~~~~~~~~~~~~~~~~
~~~~~~~~~~~~~~~~~~~~~~~~~~~~~~~~~~~~

~~~~~~~~~~~~~~~~~~~~~~~~~~~~~~~~~~~~
~~~~~~~~~~~~~~~~~~~~~~~~~~~~~~~~~~~~
~~~~~~~~~~~~~~~~~~~~~~~~~~~~~~~~~~~~
~~~~~~~~~~~~~~~~~~~~~~~~~~~~~~~~~~~~

Mon poids : ……… kg

La nourriture qui me fait le plus envie :

voilà comment je me sens :

Circonférence abdominale : ……… cm

Moral au plus haut de la semaine...

Moral au plus bas de la semaine...

Souvenirs à coller ou dessiner

Semaine 32

Cher journal, Date:

Mon poids: ....kg

La nourriture qui me fait le plus envie:

voilà comment je me sens:

Circonférence abdominale: ....cm

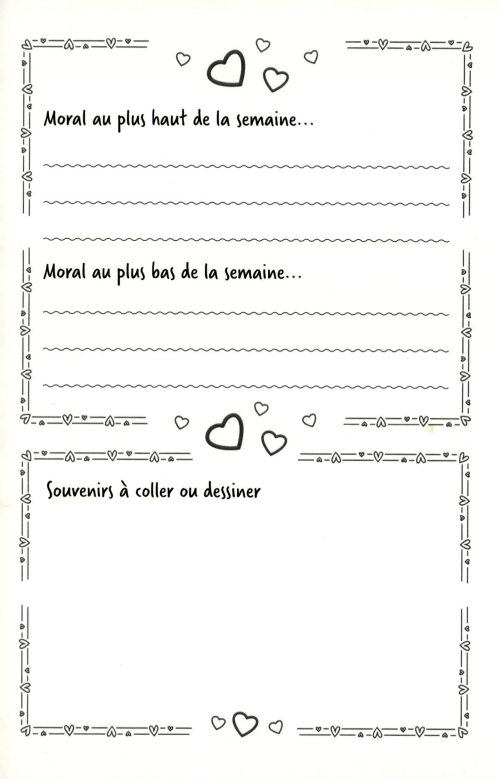

Moral au plus haut de la semaine...

Moral au plus bas de la semaine...

Souvenirs à coller ou dessiner

Photo de mon ventre

8ème mois

Semaine 33

Cher journal, Date: ~~~~~~

~~~~~~
~~~~~~

~~~~~~
~~~~~~
~~~~~~
~~~~~~

Mon poids: ....kg

La nourriture qui me fait le plus envie:

voilà comment je me sens:

Circonférence abdominale: ....cm

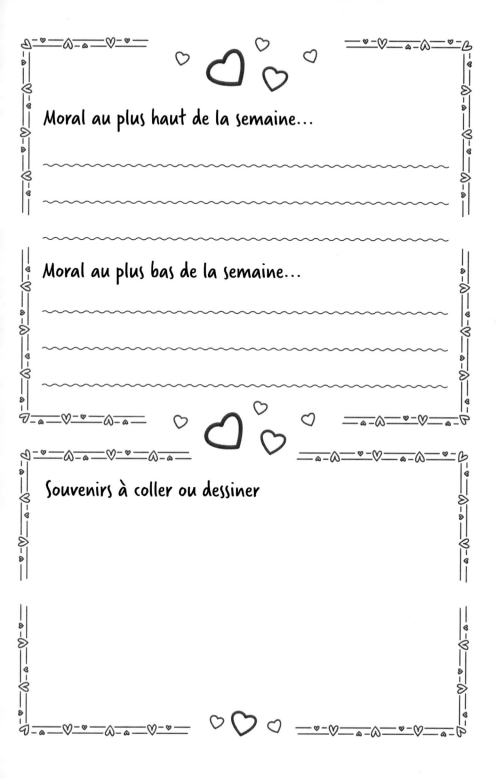

Moral au plus haut de la semaine...

Moral au plus bas de la semaine...

Souvenirs à coller ou dessiner

Semaine 34

Cher journal, Date:

~~~~~~
~~~~~~

~~~~~~
~~~~~~
~~~~~~
~~~~~~

Mon poids: .... kg

La nourriture qui me fait le plus envie:

voilà comment je me sens:

Circonférence abdominale: .... cm

Moral au plus haut de la semaine...

Moral au plus bas de la semaine...

Souvenirs à coller ou dessiner

Semaine 35

Cher journal, Date:

Mon poids: .... kg

La nourriture qui me fait le plus envie:

voilà comment je me sens:

Circonférence abdominale: .... cm

Moral au plus haut de la semaine...

Moral au plus bas de la semaine...

Souvenirs à coller ou dessiner

Semaine 36

Cher journal, Date:

~~~~~~

Mon poids: .... kg

La nourriture qui me fait le plus envie:

voilà comment je me sens:

Circonférence abdominale: .... cm

Moral au plus haut de la semaine...

Moral au plus bas de la semaine...

Souvenirs à coller ou dessiner

Photo de mon ventre

9ème mois

Semaine 37

Cher journal,　　　　　　　　　　Date:

Mon poids: .... kg

La nourriture qui me fait le plus envie:

voilà comment je me sens:

Circonférence abdominale: .... cm

Moral au plus haut de la semaine...

Moral au plus bas de la semaine...

Souvenirs à coller ou dessiner

Semaine 38

Cher journal,   Date: ~~~~~~

~~~~~~
~~~~~~
~~~~~~
~~~~~~
~~~~~~
~~~~~~

Mon poids: ....kg

La nourriture qui me fait le plus envie:

voilà comment je me sens:

Circonférence abdominale: ....cm

Moral au plus haut de la semaine...

Moral au plus bas de la semaine...

Souvenirs à coller ou dessiner

Semaine 39

Cher journal,   Date:

~~~~~~
~~~~~~

~~~~~~
~~~~~~
~~~~~~
~~~~~~

Mon poids: .... kg

La nourriture qui me fait le plus envie:

voilà comment je me sens:

Circonférence abdominale: .... cm

Moral au plus haut de la semaine…

Moral au plus bas de la semaine…

Souvenirs à coller ou dessiner

Semaine **40**

Cher journal,　　　　　　　Date:

~~~~~~
~~~~~~
~~~~~~
~~~~~~
~~~~~~
~~~~~~

Mon poids: .... kg

La nourriture qui me fait le plus envie:

voilà comment je me sens:

Circonférence abdominale: .... cm

Moral au plus haut de la semaine...

Moral au plus bas de la semaine...

Souvenirs à coller ou dessiner

Photo de mon ventre

10ème mois

Semaine 41

Cher journal,   Date:

Mon poids: .... kg

La nourriture qui me fait le plus envie:

voilà comment je me sens:

Circonférence abdominale: .... cm

Moral au plus haut de la semaine...

Moral au plus bas de la semaine...

Souvenirs à coller ou dessiner

♥♥♥

Chaque voyage est le rêve d'une nouvelle naissance.

Mes expériences

Les moments difficiles:
~~~~~~
~~~~~~
~~~~~~
~~~~~~

Les étapes essentielles pour moi:
~~~~~~
~~~~~~
~~~~~~
~~~~~~

Ce que je ferais différemment la prochaine fois:
~~~~~~
~~~~~~
~~~~~~
~~~~~~

Se sera ton prénom

Pourquoi nous avons choisi ce prénom :

Photos et Souvenirs

Je te souhaite:

C'est toi:

Nom: ~~~~~~~~~~~~~~~

Anniversaire: ~~~~~~~~~~~~~~~

Poids: ~~~~~~~~~~~~~~~

Nous voici:

IMPRESSUM

Bei Fragen & Anregungen:
feedback@mertens-publication.de

1. Auflage
2018 Mertens Verlagsgruppe
Mertens Ventures Ltd.
Tefkrou Anthia No 2 Office 301
6045 Larnaca
Zypern
E-Mail: kontakt@mertens-publication.de

Das Werk, einschließlich seiner Teile, ist urheberrechtlich geschützt. Jede Verwertung außerhalb der engen Grenzen des Urheberrechtsgesetzes ist ohne Zustimmung des Verlages und des Autors unzulässig. Dies gilt insbesondere für die elektronische oder sonstige Vervielfältigung, Übersetzung, Verbreitung und öffentliche Zugänglichmachung.

Manufactured by Amazon.ca
Acheson, AB